JN418976

나를 찾아서

나를 찾아서

허훈 시집

시집을 내면서

학창시절은 숙제, 일기, 독후감, 반성문 사건경위서를 써내면서 글쓰기를 배웠다. 숙제를 안 했다고 회초리로 종아리를 맞았다. 울면서 숙제를 겨우 했던 기억이 난다. 지금은 생을 달리하신 황금찬 박희진 선생님과 학창시절 선생님 모든 분이 그립다.

그때는 얼굴만 보아도 미웠던 선생님이 지금은 그립기만 하다. 살아계셨더라면 늙은 제자의 시집 출간소식에 환하게 웃으며 좋아하실텐데 아쉽기만 한 시간들이다.

40여 년간 교직생활을 마치고 컴퓨터 앞에 앉아 그간 모아두었던 시를 정리해 보았다. 시 한 편 마다 추억이 깃들어 있다. 나의 교직생활 40여년 기억과 함께 생활했던 학생들 얼굴이 떠오른다.

모든 추억들이 시 한편마다 깃들어 있다. 시를 쓰면서 행복의 본질이 무엇인지 돌아보는 계기가 되었다. 또한 책 제목에서와 같이 '나를 찾아서' 돌아 볼 수 있는 계기가 되었다.

끝으로 부족하나마 누군가 시집을 읽어보며 공감이 되고 위로가 되었으면 하는 마음을 전한다.

2021. 11. 허 훈

추천사

남기탁 (강원대학교 명예교수, (사)한국어문회 이사장)

허훈의 시를 읽는 일은 반세기가 지난 고등학교 시절로 돌아가는 일종의 추억여행이었다. 허훈과 나는 혜화동에 위치한 동성고등학교를 함께 다니며, 청춘의 뜨거움과 순수함을 함께 나눈 사이이다. 무엇보다 반가웠던 것은 그의 시에, 고등학교 시절 우리들에게 시와 인생을 가르쳐 주던 원로시인 황금찬 박희진 선생님의 자취가 고스란히 담겨져 있었다는 점이다. 한국문단의 우뚝한 거인이던 두 분은 이제 이 세상에 안 계시지만, 제자인 허훈을 통해 그 따뜻하고 섬세한 시정신만은 면면히 이어지고 있다는 것은 여간 기쁜 일이 아니다. 인생은 짧고 예술은 길다지만, 허훈과 같은 제자가 있어 우리의 인생도 결코 짧은 것만은 아니다.

허훈의 시에는 담백한 인정이 있고 간결한 서정이 있어 따뜻하고 아름답다. 일상의 작은 일들에 울고 웃으며, 그 속에서 의미와 아름다움을 찾아 시의 꽃을 피워 나가는 모습은 참된 시인의 자세인 동시에 평생을 교직에 몸담아온 자의 그윽한 인격이 묻어나는 대목이다. 특히나 그의 자애로운 시정신이 생명 가진 모든 존재들을 향할 때, 허훈의 시는 더욱 환하게 빛난다. 이러한 생태주의적 의식이야말로 코로나로 전지구인이 고통 받는 오늘날 더욱 의미 있게 다가오는 대목이다. 허훈의 시집 출판을 진심으로 축하하며, 그의 앞날에 늘 시의 향기가 함께 하기를 기원한다.

남기탁

현) 강원대학교 명예교수
현) (사)한국어문회 이사장
전) 강원대학교 인문대학 학장 역임
전) 국어국문학회 회장 역임
전) 한국어문교육연구회 회장 역임

추천사

손병홍 (한림대학교 철학과 명예교수)

50여년 지기인 허 교장이 시집을 출간했다는 소식을 접하고 반가움과 함께 놀라운 마음이 들었다. 허 교장에게 문학적인 재질이 있다는 것을 체감한 적이 없었고, 정년하기 전까지 교육현장에서 전심전력하느라 다른 일에 눈을 돌릴 여유가 없었으리라 생각했기 때문이다.

아마도, 때로는 의견이 일치하지 않는 사람들과 치열하게 싸워야하는 교육현장에서 교육자로서 첫발을 디딜 당시의 순수성을 지키려는 그의 노력과, 지금은 하늘의 별이 되신 중고등학교 시절의 스승이며 당대를 풍미한 시인인 황금찬님과 박희진님, 두 분의 가르침이 영향을 끼쳤으리라 짐작한다.

내 친구 허교장이 오랜세월 교육계에 몸담으며 서로 의견이 다른 사람과 현장에서 겪었던 아픔과 고통을 시로 승화시킨 것에 감동을 느꼈다. 비록 전문가들의 눈에는 시집에 실린 시들은 문학적 세련됨이 부족하고 투박하다고 보일 수도 있을 것이다. 그러나 이러한 점들은 이 시집이 가진 장점이자 특징으로 간주되어야 한다.

허교장은 전문 시인이 아니고 교육현장을 정상화시켜야겠다는 소신과 열정을 가진 늙은 젊은이 이기 때문이다. 이 시집을 읽으면 인천의 교육 그리고 나아가서는 대한민국의 교육의 미래를 걱정하는 허 교장의 순수한 열정과 소신을 느낄 수 있으리라 생각한다.

손병홍

현)한림대학교 철학과 명예교수
전)한림대학교 인문대학장
전)한국분석철학회 회장
전)한국논리학회 회장

추천사

이원복李源福 (도광포럼 대표, 전 국립중앙박물관 학예연구실장)

고목생화枯木生花

_환한 미소로 반기는 벗의 첫 시집

외우外憂 허훈이 고희를 맞았습니다. 중고 동기동창인 벗을 만난 지 강산이 5번 바뀌었습니다. 평생 교육계에 몸담아 그야말로 따사로운 애정, 식을 줄 모르는 열과 성으로 꿈나무를 가꾸며 미래를 키우는 일에 게으름이 없었습니다. 사람의 의지와는 무관한 유수와 같은 세월은 그냥 흘러가는 것만은 아닌 무언가를 채우기도 합니다. 우리를 뜻대로 행해도 어긋남이 없는 종심從心에 이르는 나이로 데려왔습니다. 벗은 교장 퇴임 후 틈틈이 쓴 시를 카톡으로 보내더니 급기야 단행본으로 묶는다며 내게 글을 부탁합니다. 대단하니 경하할 일이며 함께 기뻐할 일이 아닐 수 없습니다.

문득 당나라 시선詩仙 이백李白701-762의 명

문 '장진주將進酒'에서 읊조렸듯 "하늘이 날 태어나게 한 것은 반드시 쓸 곳이 있어서이다(天生我材必有用)."가 떠오릅니다. 우리 인생은 너나없이 리허설이 없으나 각자 삶의 주인공입니다. 하고 싶은 일, 할 수 있는 일, 해야 할 일이 일치를 이룬 이가 허 교장이란 생각도 듭니다. 가끔 교육현장의 애로와 제자들에 관한 이야기를 목소리를 높여 이야기도 합니다. 하지만 원래가 과묵하며 사려 깊고 신중한 사람입니다, 묵묵히 외길을 걸으며, 특유의 끈기와 의지는 나이 들어 얻은 중병을 물리쳤습니다.

가톨릭 재단인 동성중고등학교, 우리 모교는 강남으로 옮기지 않아 여전히 혜화동 교차로에 건재합니다. 은사 중 국어에 황금찬1918-2017, 영어 박희진1931-2015 두 분 시인詩人이 계셔서 질풍노도疾風怒濤 시기를 예술의 힘으로 잘 넘길 수 있었습니다. 매년 5월 문학의 밤이 열려 문단의 명사들을 뵐 수 있었습니다.

특별활동이 활발했고 문예반에선 매달 문인들을 모신 특강이 있었습니다. 박목월1915-1978 · 조병화1921-2003 · 김구용1922-2001 시인, 당시 가장 젊은 분은 소설 '석녀石女'로 유명한 현 86세 정연희1936-현 선생입니다. 덕분에 저 또한 문예반 활동과 학교신문에 2편의 시를 발표했습니다. 벗의 시시詩心은 그때부터 움터, 마치 피라미드에서 발견된 연꽃 씨가 싹이 터 꽃망울을 터트림에 비견됩니다. 시인은 예언자이며 바른 소리, 광야의 외침이입니다. 벗의 시는 이를 웅변합니다.

벗 그대가 있어 우린 즐겁고 기쁩니다. 여전히 젊고 해맑고 투명한 영혼의 소유자인 그가 또 무슨 일로 우리들 앞에 나타나 박장대소拍掌大笑를 하게 할지 궁금합니다. 우리 모두 아직은 무대에 커튼이 내려지지 않은 시간이기에, 그대 허

심탄회虛心坦懷한 마음가짐으로 초라한 주연主演 아닌 빛나는 조연助演이길, 해서 세상과 벗들에게 미소를 주길 기원하며 건강과 건승을 기원합니다.

2021년 아름다운 시월
수암재漱巖齋에서 벗이

• 목차

길 1

밤새 눈이 내려 천지가 하얗다
길을 떠났다
한참을 걷다가 뒤를 돌아보았다
발자국이 따라온다
눈보라가 돌아갈 길을 지우고 있다

어디에서 왔는지 모른다
어디로 돌아갈지 모른다
앞만 보고 걸어왔는데

길목마다 꽃씨라도 뿌려두었다면
쉴 자리로 찾아갈 수 있으련만
거친 바람이 볼을 두드려 서럽다
그래도 아직은 걸을 만하다
두 다리에 의지하여 길을 열어간다

길 2

어렵게 살아가는 이웃과
인사를 나눈다

모자르고 우습게 보이는 사람들
내게는 소중하다
따뜻하고 우직하고 정직하다

경쟁에 뒤쳐지고
사회에 적응하지 못하고
무시당해 아파하는 사람들
그들 손에서도 내일은 열린다

어둠에서 빛이 되고
절망에서 희망을 주는
새 길을 열어주는 사람들이다

고달픈 인생

태어날 때부터 울었다
울던 날이 웃던 날보다 많았다

기껏 살아봤자 백년인데
돈 때문에 근심하고
높이 올라가려고 밤잠을 설쳤다

자리 중에 제일 좋은 자리는
마음 비우는 자리임을

흐르는 물처럼 거스르지 않고
둥글면 둥근 대로 모나면 모난 대로
그릇 모양 따라 살면 되겠지

산다는 것은

강 건너 산 넘고 살아온 날이 어제 같은데
가던 길 오늘도 가야한다
가던 길 멈출 수가 없고

이러지도 저러지도 못했던 날들이 수없이 많아
밤잠을 설친지 몇 날이던가

아픈 상처에 딱쟁이가 내려 새살을 돋게 하고
정의로운 날들을 기다리다보면 하늘이 알아서
할텐데
그리 살면 어떻겠는가
이 또한 삶이 축복이지 않겠는가

해가 구름 속에 숨으면 어둠이 찾아올텐데
긴 세월 변함없이 흐르는 강물에 맡기고
아쉬움과 한을 실러 흘려보내면 어떠하리

계절 따라

새벽 창가에 지저귀는 새소리에
봄이 들어왔다

문을 열고 나무를 본다
계절따라 변하고 순응하며 살아 보련다

봄에는 새싹 되어 희망을 품에 안고
여름에는 땀 흘리며 녹음되어 푸르고
가을에는 결실 맺어 고개 숙이고
겨울에는 흰 눈을 머리에 이고

새벽에 들려오는 속삭임에 귀를 세우고
바람이 속삭이는 소리에 메아리가 되어 보고
푸른 마음 잃지 않고 우뚝 서 보리라

가을바람

찬바람이 불어온다
어디서 왔느냐고 물어도 대답이 없다
고독한 삶인데 낭만이 무엇지에 논하고 싶다

골똘히 생각하면 무엇하나
골치만 아픈데
가벼운 마음으로 문답을 나눠보고 싶다

커피 한잔에 여유를 즐겨본다
가을바람 음미하며 마주 앉아 넋두리한다

가을 별 이별

별이 그리워 밖에 나가 하늘을 본다
도시의 밤은 네온으로 가득하다
나뭇가지에 별들이 앉아 조잘댄다

별을 닮은 다섯 손가락 잎새가 나뭇가지에 앉아서
가을이 깊어간다고 말한다
이별할 때가 되었다고 한다
죽어간다고 손을 흔들며 떨어진다

하늘에서 가을이 떨어진다
이별이 별이 되어 떨어진다
아쉬운 날들이 별이 되어 하늘로 올라가 별이 된다

가을이여!
별이여!
이별이여!
어쩌란 말이냐

기다리라 한다
헤어짐은 만남의 시작이라 한다

가을을 보내며

커피한잔을 들고 떨어지는 낙엽을 본다
따사로운 햇살이 눈부시다
겨울이 곧 올 것이라는 것을 알기에 마음이 춥다

옛 임과 이별이 생각난다
외로움이 밀려온다
옷깃을 올리고 홀로 길을 나선다
거리에서 가을이 멀리 떠나려고 채비를 서두르
고 있다
길목마다 서성이고 있다
온 몸 던져 막으려 하면 할수록
미련만 쌓여간다

만남과 이별은 양쪽 바퀴가 되어 굴러간다
오래오래 낡아 갈수록 이별에 익숙해 간다
그래도 좋다
새로운 만남을 기다려본다

미래 꿈 희망이란 단어를 떠올리며
살아가는 오늘이다

계곡에서 1

숲이 우거진 계곡을 찾았다
나무 돌 물이 사이좋아 보인다
더불어 살아가는 모습이 조화롭다

맑은 물이 계곡을 적시고 있다
서로를 적시며 살라한다
모난 돌이 계곡에 널려있다
깎이고 다듬어져서 둥근 돌이 되었다고 한다
낸들 어쩌란 말이냐
아무리해도 모난 난데
찔리고 아파하며 살았는데
언제쯤 둥글어진다는 말이냐

바람이 돌을 깨어 부스듯이
이를 악물고 너를 끝없이 다듬으라 한다
계곡이 알려주며 졸졸졸 흘러 떠나간다

계곡에서 2

흐르는 땀을 식히려고 계곡에 발을 담갔다
물이 돌에 부딪쳐 소리가 난다
둘이서 나누는 이야기에 귀를 기울인다

돌아 너는 언제부터 여기에 있었니
너무 오래 되어서 나도 잘 모르겠어
아마 천년은 넘는 것 같아
너는 인내심 참 대단하구나
나는 한 곳에 하루도 못 있어

샘터에서 강을 건너 바다로
햇볕 받아 하늘로 올라가면
비가 되어 땅으로 다시 오지

계곡에서 예쁜 돌을 골라 주워왔다
책상 위에 올려놓았다
앉으면 돌부터 본다
돌에서 물소리 바람소리 숲소리가 들린다

계곡에서 3

퍼내도 퍼내도 마르지 않는 샘물 앞에 섰습니다
목을 축이며 지친 마음을 회복합니다

몸과 마음을 계곡에 담갔습니다.
흐르는 물이 오염된 나를 일으켜 세웁니다

맑고 차갑게 흐르는 물에 고개 숙입니다
눈물지어 약속합니다
죄짓지 않고 살아볼게

작심삼일 여러번 했지만
그때마다 용서해주는 계곡을 해마다 찾아와
새해 첫날 얼음을 깨고 몸을 담구며 기도합니다

여보세요

"여보세요 이것 좀 보세요"
돌아서는 모습이 예쁘다
기대하지 않았는데 말이다
함께 걸어갈 사람 삼고 싶다

궁금한 것 물어보면 도망이라도 갈까봐서
조심조심 물었다
"이 동네 사는데 처음 보는 얼굴입니다"라고 말
했다
이사왔다고 한다
앞으로 좋은 이웃되어 인사하며 지내자고 했다

돌아오는 길에 계속해서 생각난다
자주 볼 것 같다
다음에 보면 어떤 말을 해야 할까
아무리 궁리해도 떠오르지 않는다

옛다 모르겠다 그냥 웃으며
“안녕하세요” 해야겠다

누구세요

어두운 밤, 누군가 찾아와 창문을 두드린다
열어보니 나뭇잎이다
두드리는 소리가 감미롭다
빗방울이 들이친다
밖이 어두워 한치 앞도 보이지 않는다

다만 빗줄기가 가로등과 어둠 사이를 오가며
숨박꼭질을 하고 있을 뿐이다
마음속에서 빛과 어둠이 술래잡기를 시작한다
숨은 나를 아무리 찾아보아도 보이지 않는다
내가 나를 볼 수 없어 서럽다

나는 왜 빛과 어둠으로 나뉘어 경계선 상에 서 있는가
왜 나는 나를 만나지 못하고 평행선만 달려고 있는가
창가에 서서 얼굴에 떨어지는 비를 하염없이 맞

는다
서러워 눈물난다

나에게 물어본다
너는 누구냐고
모르겠다

흔적

들녘에 서면 세월이 할퀴고 간 흔적이 여기저기
눈에 띈다
잡초가 여기저기 널부러져 아무렇게나 누워있다
잡초가 서럽다고 한다
서로 몸을 부딛키며 울고 있다
그나마 바위 틈 사이에 숨은 잡초는 조용하다
든든한 남정네 어깨삼아 기대고 곱게 앉은 시골
처녀 같다
예쁜 옷도 아니 입고 분칠도 아니 했지만 예쁘다
적어도 내 눈에는 그렇게 보인다
만져보니 거칠거칠하다
역시 모진 바람을 피하지는 못했나 보다
그래도 예쁘다
왜 그런지 모르겠다
그냥 예쁘다
한참 동안 쭈그리고 앉아서 관찰했다

잡초에서
바다가 보이고
산이 보이고
산 짐승이 보이고
이야기들이 보이고
너도 보인다

이제 일어서려 한다
갈 길을 서둘러야 한다
안녕하고 말해주고 일어났다

음악이 나를 연주한다

음악 하는 사람이 곡을 연주하고 나는 듣는다
마음을 소리로 표현하고 나는 동화된다
머리로 듣고 이해하려하면 아니 들린다

텅 비우고 들어야 들린다
마음가는대로 들어야 느껴진다
잠자는 상태가 되어 무의식으로 듣는다
눈을 감고 리듬에 몸을 맡긴다
마음을 화판삼아 동영상이 펼쳐진다

겹겹이 둘러싸인 세상이 시끄럽고 어지럽다
나는 그 속에서 무엇을 위해, 왜 살고 있는가
몰라도 좋다
그저, 새 세계가 보이는 대로 그려가며 살고 있다

푸른 하늘이 날아간다
음악이 날개 달고 하늘에서 춤을 춘다
내가 하늘로 올라가 새가 된다
장단에 맞춰 훨훨 날개 짓을 한다

왜 사냐고 묻거든

인생이 무어냐고 묻거든 잠잠하라
왜 사느냐고 물어도 침묵하라
살아 있으니 살아갈 뿐이라고 조용히 말해주어라
재미있고 행복하게 살아보라고 말해주어라

길가에 난 풀꽃처럼 그냥 살면 된다고 말해주어라
"너는 특별한 존재다"라고 말하면 아니 된다
삶이 만족스럽지 못하면 그런 줄 알고 살면 된다
고 일러주어라

특별한 존재라고 잘못 알고 있으면 어리석게 된다
특별한 존재가 아님을 알면 특별한 존재가 된다
그런 줄 알고 살면, 행복한 존재가 된다
너는 내가 아닌 너일 뿐이다
너는 하나, 그래서 특별하다
그러니, 너는 네 뜻대로 살아라

진정으로 자유를 원한다면 마음을 비우고 살아라
마음을 채우고 살면 채운 것에 노예가 되어 살게 된다
모든 것을 사랑해 보아라
잘 나고 좋고 못나도 좋다
못난 것을 더 사랑해 보아라
잘난 것에게는 농담을 던지듯이 "싸랑"하면서 살아보아라

외침

바람 한 점 없는 날, 산 정상에 올랐다
하늘이 넓어, 가슴이 열린다
태평양을 돌아 고향 겨우 찾은 연어처럼 편안하다
외쳐본다
하늘이여!
그대는 아는가!
내 가슴이 얼마나 아픈지!
목이 터져라 외쳐도 공허한 메아리만 돌아온다

한참을 기다렸더니
하늘이 말하길 너무 아파하지 말라한다
침묵하고, 내게 맡기라한다
나는 입을 다물었다

숲속 교향곡

베토벤이 피아노 앞에 앉았다
소리를 듣지 못한다
눈이 보이질 않는다
침묵만이 소리를 듣는다
어둠 속에서 손이 건반을 두드린다

건반 일곱 개 사이로 검은색 건반이
나란히 앉아 손가락을 기다린다

건반마다 잠깐 빛을 밝히다가 어둠속으로 사라
진다
건반에서 비가 내린다
대지와 수풀을 춤추기 시작한다
교향곡이 숲을 연주하고
나뭇잎들이 흔들리며 뛰어논다

그대를 처음 만난 날

마음에 꽃씨를 품고
옥토를 찾아 뿌리려 해도
찾을 수 없어 애가 탄다

내 마음을 밭 삼아 갈아야겠다
흙을 모아 도두고 이랑을 깊게 파자
고은 꽃씨를 뿌리고 기다려보자
언젠가는 꽃이 피겠지
아름다운 꽃이 내게 말하길 고맙다고 하겠지

나는 꽃이 되어 아름답겠지
이슬비 내리면 친구라 여기며 둘이 산책을 해야
겠다
손에 손잡고 왈츠를 추어야겠다
흙탕물 뒤집어쓴 들꽃들이 길가에서 쳐다보며
부러워하겠지
"주인 잘 만난 네가 부럽다" 하겠지

현실을 꿈처럼 살겠다

한여름 밤에 더위 식히려고 대나무 침상에 누웠다
하늘에서 떨어지는 별똥별을 보았다
별을 우주선 삼아 날아다니는 꿈을 꿔본다

청년 때에는 저녁 호수에 비춰진 달을 보고
달을 낚아 보겠다 하며 술잔을 비웠다
호수에 앉아 낚시대를 담구고
고기는 아니 잡고 술병만 낚았다

이제 늙어서 만난 코로나 사태
증시폭락장에 노후자금 날렸다
달러를 보여주려 했건만 반에 반토막이 났다
그래도 좋다
귀국하면 친구들이 반겨줄테니
그래도 좋다 친구들이 반갑다고 할테니
그 맛이 살맛이다

몇 년 전이었다
세상 떠날 때, 찾아오는 벗님들께 위로금 받지 않고
막걸리 후히 대접하고 가실 때에는 교통비 만원씩 드리려고
꼬불쳤던 예치금을 풀어 친구들을 모았다
친구들과 즐거운 시간을 보냈다
"친구야 죽어서 쌈짓돈 풀면 뭐하나, 오늘 풀어야 즐겁지" 했다

그리워서 찾아온 빗방울

현란한 불빛 사이로 빗줄기 보인다
별을 품고 떨어진다
아스팔트 위에 떨어진 나뭇잎에는
물방울이 흥건히 고여 사연을 풀어낸다

그립다고 한다
외롭다고 한다
그래도 네가 있어 좋았다고 한다
그녀가 방울 되어 보인다
그대가 빗물 되어 나를 적신다
보고 싶다고 말하지 말자
달려가 보면 되지 않나
속으로만 삼키며 우울해 하지 말자
그녀는 빗방울 되고 나는 비가 되어 만나면 되지
않나

믿음으로 걸으라 했는데

세상 살아가는 것은
메마른 광야를 걷는 것이다

인간은 완벽 할 수 없고 죄지을 수 밖에 없다
서로 상처를 주기도 하고 상처를 받기도 한다

날이 갈수록 병들고 외로워진다
어디를 둘러보아도 온전한 곳 없고 온전할 수도
없다.
인간이란 신이 아니다
능력에는 한계가 있다
생크추어리, 곧 세상 삶의 굴레에서 벗어나야 한
다는 뜻이다
모든 것 버리고 떠나야한다
가야할 곳이 있는데 믿음으로 가야한다
세상이 아무리 아프게 할지라도, 믿으면 평안하
게 갈 수 있다

오월에 피는 꽃들

장미가 피었다
붉고 노랗고 검붉은 옷들이 화려하다
향기가 봄바람에 실려 코끝에 내려앉는다
한 여인이 열정적으로 스페인 플라멩고 춤을 춘다
투우사가 소 앞에 서서 칼날을 꽂으려 한다
광장이 뜨겁게 들썩들썩 하다
장미꽃들이 연인되어 짝을 짓는다
무도회가 화려하다
수줍어하던 여인들이 어느새 겁 없이 뜨거워졌다
향기에 취했는지, 최면에 걸렸는지 미친듯이 열
기를 뿜어댄다

화초

잡 마당에 화초가 있다
요즘 바빠서 돌보지 못했다
오늘 보니, 노랗게 물이 들었다
아차, 물준지 일주일이 넘어가는구나
미안하다. 화초야
너무 미안하다
시간 맞추어 물을 줄께
용서해주렴

너는 항상 곁에 있었는데
나는 너를 잊고 있었구나
너를 향한 내 마음은 잠깐 들여다 보는 눈길에
불과하지
그게 너를 향한 내 모습이지
너는 거울 되어 내 부끄러운 모습을 비추어 시들
어가고 있지

봄이 바람타고 찾아왔다

봄바람이 불어 온다
마당에 나가 거무죽죽한 흙더미를 살핀다
풀꽃이 땅을 비집고 올라와 손목을 내민다
희디 흰 손목이 연녹색 손바닥을 흔든다
운명 교향곡 처럼 하늘이 보낸 편지가 읽혀진다
연약한 듯 보여도 강인한 풀꽃이 곧 되겠다고 한다

풀꽃들이 모여 앉아 베르디 사계를 연주한다
떠나버린 첫사랑을 잊지 못해 가냘픈 목소리로
노래를 한다
춤추는 새들이 슬퍼 보인다
그래도 꽃들이 입을 열어 천국을 노래한다
"산다는 것이 얼마나 놀랍고 경이로운 축복인
가" 한다

그래, 봄날 되었으니
누군가 점심이라도 사겠다고 하면

봄바람타고 총알같이 달려가야겠다
꽃들처럼 “맛난 것 먹으며 재미있게 살자구나”
말해야겠다

꽃과의 만남

이른 아침 운동삼아 산책길을 걷는데
꽃잎이 나를 보며 웃는다
티 없는 맑은 소녀를 보는 소년이 된 기분이 든다

우린 마주 보고 웃는 사이가 되었다
꽃은 나를 반기고
나는 나비가 된다

네가 있어 좋은 세상
"매일 찾아와 친구가 되어 줄게"하고 말했다
부끄러운지, 머리를 살래살래 흔드는 모습이 감
격스럽다

흘러가는 세월

달이 바람타고 왔는데
산에는 꽃피고 낙엽 지고
머리에는 은빛 갈대만 무성히 자랐구나

산은 돌이 되고
돌은 땅에 흩어져 꽃을 피우고
세월은 흔적을 여기저기 흩뿌리고

둥근 달은 뉘 눈물인지
장막 뒤에 숨어 간간히 얼굴 내미는데
귀꾸라미 애절히 밤새 울어

고된 걸음 멈추고
이런 생각 저런 걱정에 잠겨 잠은 오지 않고
지나온 길목마다 스치는 얼굴들

세월이 흘러간다

숙희가 물결 타고 흔들거린다
우리는 동네에서 소문났었는데
"얼레리" 놀려도 그저 좋아했는데

손톱에 봉숭아 물 들인 숙희 얼굴 봤어
요즘 그런 미인 없어 천사보다 훨씬 예뻐
빛이 환해

봄에는 진달래 먹고
여름에는 달밤에 술래잡기
가을에 뭐했는지 비밀인데 몰라도 돼
겨울에는 눈탱이가 밤탱이 되고 베개싸움

오늘따라 강이 유난히 깊다
구름이 붉게 물드니
찬 바람이 불어온다

청춘을 돌려다오

마그마가 심장을 관통하여 핏줄타고 흘렀는데
그 날이 영원할 줄 알았는데
어느새 백발이 되어 쭈그렁 방탱이가 되어
인생이 얼마나 무상한지 이제야 알았다

이제라도 봄에 꽃이 피면 들녘을 찾아야겠다
잠들었던 나를 흔들어 깨워야겠다
우리, 함께 걷는 기쁨이 무언지 토론해 보세나

고통으로 목 놓아 울었던 날
너는 내 안에서 잠자고 있었지
하소연해도 듣지를 않더군
들어줄 이 없다고 하더군
이제는 말하고 싶네
친구여 아는가
쓰렸던 내 마음을

친구 1

세월이 갈수록 그리움 짙어
빛바랜 흑백사진 뒤척여
친구 모습 찾아보건만

그려보는 친구 모습 보이지 않아
지금쯤 달라져 알아볼 수나 있을런지
친구 얼굴 지우는 세월이 너무 밉다
연필로 옛 얼굴 그려봅니다

친구가 환상되어 하늘에 어리는데
아직도 생생한 평창모자 너와 나
젊음이 영원할 줄 알았더니

더 이상
지워지기 전에
사라지기 전에
한 번 볼 수 있을런지

마음에 정을 듬뿍 담아
자물쇠로 꼭꼭 잠가보려 하네

친구 2

어린 시절 생각나서 그리움에 젖네
빛바랜 흑백사진 뒤척여 모습 찾아보건만
지금 모습은 어떠할지
나처럼 주름살 깊겠지
너무도 달라졌겠지

세월이 한없이 야속해도
그때 자리를 찾아 앉아보아도 어쩔 수 없네
영원할 줄 알았던 젊음이여

한번이나마 보고파서 전화 책을 뒤적이고
여기저기 소식을 알아봐도 찾을 수 없어
시 한편지어 고이 간직하려 하네
마음을 올려놓고 읽고 또 읽으려 하네

친구 3

먼 타국 미국에 있어도
내 영혼은 항상
그대들과 함께 있었다

돌아올 수 있으면 좋으련만
세차게 바람이 불어오니 길이 막혀
돈이라도 부쳐야겠다

오늘 우체국이 문을 닫아
애만 태우는데, 얼굴이 달아 오른다

친구 4

짐 지고 가는 나그네들아
어깨가 무겁지 아니한가
나 또한 그러하니
다시 한번 뭉쳐보면 어떠하리
친구야

옛 이야기 대부분 잊었지만
그래도 네 얼굴만은 기억난다네
너 또한 그러하겠지
친구야

오랜만에 만나 밤새도록
먹걸이에 목이나 적셔보세
친구란 그런 것 아닌가
친구야

세찬 바람 몰아쳐도
묵묵히 걸어왔네
친구야

꿈을 안고 초원을 달리던 우리들
걸어온 날들이 그려지네
친구야

오색별들 사이
또다시 함께 걸어보세
친구야

꽃 된 우리인데

꽃이 되어 태어난 우리인데
닮은 꼴 벗이 되어 군락을 이뤘으니
우린 얼마나 멋있게 살아왔는가
친구여

홀로 있어도 아름다운데
서로를 알아보고 벗이 된 우리가 꽃이라

불어오는 봄바람이 시샘해도
얼싸 안고 어깨 부비며 춤추어
날이 새어도 모르던 날이 어제 같은데

꽃은 언제라도 지는 것
우리 된 모습 잃지 않고
살아갈 수 있으면 좋으련만

꽃으로 태어난 너

꽃송이로 태어나 예쁜데
모인 자리에 모여
희희락락 하던 우리

혼자여도 좋은데
닮은 꼴 벗이 되어 나란히 앉아
흥에 겨워 어깨를 흔들었지

보기 좋으니
꽃은 어디에 가더라도
꽃 되어 살아가고 있구나

겨울나무

겨울나무가 들판에 서서
벗은 몸 내어놓고 슬피 울고 있다
봄이 그리운가 보다

외롭다 한들 무엇하나
아무도 대답하지 않는데
바람조차 매정하게 스쳐가네

정상에 올라서면, 내려와야 하거늘
모르지 않을텐데, 돋는 잎을 기다린다 하니
가지마다 굳은 의지 열보인다

청평사에서

그대 손잡고 걸었던 청평사
그리워 찾아왔건만
희미한 종소리만 나를 반기네

뒷산에 서니
가쁜 숨 몰아쉬어 흐르는 땀
눈물 되어 쏟아지네

지는 해가 발길을 재촉하니
마음 남겨놓고 발길을 돌리려는데
걸음이 천근되어 무거워라

귓전에 목탁소리 구슬퍼도
호수에 잠긴 그대 얼굴
뱃전에 서서 바라보니
발길이 되돌아 서려하네

백양사에서

눈 덮인 백양사를 바라보니
부끄러운 날들이 많아
눈에 덮이는 것 같구나

대웅전 뜰에서 합장하고
스님과 둘이 앉아 옛 일을 고백해도
모르는 척하니

보리수 옆 법당에 앉아
불경만 외어
마음만 흔들리는구나

훗날 백양사 다시 찾으면
쌓였던 아픔을 내려놓고
골짜기 흐르는 물에 씻어
지난날들 날려 보내리

내 다시 태어난다 한들 다를소냐
부처님 마음으로
한 평생 살았으면 좋으련만

남은 삶이 아쉬워 내세까지 가져가려면
모든 것 내려놓고 이웃 사랑만이라도 가져가려
하는데
그 마저 내려놓으라 하면,
허전해서 저승길 가겠는가

내소사에서

잣나무 숲에 들어섰다
향기가 콧등을 두드린다
눈 덮인 능가산이 찌든 때 벗겨낸다
능선따라 고풍스레 사찰이 눈에 들어온다
더불어 살라고 고승이 일러주며
네 즐거움이 족하니 그런 줄 알고 살라한다

법당 앞 천년 묵은 느티나무가 거룩하다
산과 물이 나를 보고 배우라 한다
그리하면 네가 누구인 줄 알게 되리라 한다

세월이 무상하다고 말했더니
그것은 네 생각이라 한다
"품은 생각" 새롭게 하라 한다
깨달음을 얻기 위해 마음 닦으라 한다
산에서 내려오는 마냥 걸음이 가볍다

가여운 노인

해 저물어 쌀쌀한데
폐지 줍는 노인이 눈에 들어와
굽은 허리 고생하는 모습이 애처롭다

노인 뒤에 내 그림자가 어려
안타까움에 고개를 떨구어도
어찌 할 수 없어 가슴만 쓸어내리네

사는 것이 무엇인가
어떻게 살아왔나
돌아보아 먹먹한데
아픈 리어카 말없이 노인 곁을 지키네

굽은 허리가 당연하다고 말하는 듯하여
앞에 선 내가 초라해 보이는데
전봇대 그림자가 성자 되어 불밝혀 서있네

성자가 말하길, 폐지를 주워보라 한다
두런두런 살피다보니 땅에 누운 폐지가 말하길
“남은 여생 제대로 살아라”한다

폐지 줍는 허리가 어둠 속으로 사라지는데
성자가 뒤를 따라가며 불을 밝혀 길을 열어준다

은행잎이 걸어간다

경복궁 뜰에 은행잎이 우수수 떨어지고 있다
나무 위에 황금빛이 앉아있다
커피 한 모금 입에 물고 가을로 간다
노란 잎이 떨어지며 "이별은 찬란한 것"이라고
말한다
한 여름 소나기가 고난인줄 잊었다고 한다
아니, 아름다웠다고 한다
그래서 삶은 살아볼만한 것이라고 한다

가을을 밟으며 겨울로 떠나는 걸음이 스산하다
"찬란하게 살아왔다" 노을이 속삭인다

남은 삶, 멋지게 살라 한다
낙엽이 따라오며 속삭인다
해 저물어 걸어서 집으로 돌아왔다

강가에서

바람에 흔들리는 물결을 곱다
손톱에 물든 봉숭아보다 곱다
강가에 핀 꽃들이 해맑다

봄에는 진달래꽃 입에 물고
여름에는 달빛 아래 벌레가 합창하고
가을에는 코발트 빛이 하늘거리고
겨울에는 화롯불에 고구마 구워먹고

붉게 물든 구름이 강물 위에 떨어져 더욱 붉은데
은빛 머리를 휘날리는데
바람아 마음껏 나를 흔들어보렴
가슴 깊이 숨어놓은 칼날이 튀어나와 강물을 가르려한다

가을에는 그리워

바람은 세월이 흘러가는 신음소리
문 열고 듣노라면 절로 한숨이 나온다

폐를 뚫고 나오는 한숨은
그리움이 토해내는 피 한 덩어리

덩어리는 물안개 구름 되어 하늘에서 짝을 만난다
뒤섞여 응고되어 떨어지는 가을비가 짙게 깔린다

그립다 어릴 때 얼굴들
가을이 내 얼굴을 밟고 간다

너를 보내며

커피 한잔을 마시며
가을과 이별을 고한다

임 보낸 후 아팠는데
그것도 모자라 가을과 헤어지라니
뼈저린 아픔을 어디까지 견디란 말인가

재촉하며 떠나는 가을 끝에서 겨울이 피어난다
온몸 던져 막으려 해도 가는 세월 바람 같으니
화롯불 지펴놓고 겨울이나 구워보세

이별은 또 다른 만남의 시작
너를 보니 견딜 만 하구나
네게 정을 주어 좋을 때 되면, 너도 결국 떠나겠지
그래도 좋다
너라도 마음껏 사랑해주겠다

너마저 떠나면 또 다른 날들을 꿈꾸리라
태양 앞에 서서 두 팔 힘껏 벌려보아야겠다

정도를 걸어야겠다

흙탕물이 더러워도 연꽃은 아름답다
연꽃이 아름다워 흙탕물도 예쁘게 보인다

그대가 진흙에 묻혀 추해 보이면 어쩌란 말인가
깨끗한 물에 고이 씻어 빨래줄에 걸어 줄께
너를 그대로 두고 멀리 도망가지 않을께

흙탕물은 진흙이고
연꽃은 피고 지면 씨앗을 남길 운명인데
운명들아 서로 의지하여 정도를 걸어보세

꽃향기가 바람타고 흐를 때
어진 사람 향기는 온 누리에 퍼져간다

민들레 씨앗 된 그들이 얼마나 귀한지
하늘이 감동하면 길을 내어
가야할 곳으로 인도하는 손을 내어주겠지

세상에서 살아가는 방법론

하루에 한 번쯤은
먼저 가신 분들이 어떠했는지 기억해 보고

하루에 두 번쯤은
하늘을 보고 산을 보고 물을 보고

하루에 세 번쯤은
아랫집 윗집 옆집에 누가 사는지 돌아보고

삶을 바구니 삼아
가을을 열매 삼아 따서 담아보고

이웃들이 얼마나 지혜로운지 감탄사를 날려보고
자연이 주는 교훈이 얼마나 달콤한지 혀끝으로
맛보고

길고 긴 인생길 걸으면서 낙 없이 어찌 살아가리
그대를 낙 삼아 한 평생을 즐거워하리라

길가에 핀 들국화

산책 중에 만난 들국화
화려하지는 않아도 향기가 짙다

햇살이 아픈지
고개를 숙이고 있다

그 누가 알까 여기에 피었다가 사라질지를
그래, 나도 너를 닮아
흙먼지 뒤집어쓰고 살아가도 향기 잃지 않을께

이래도 한세상
너를 향해 마음 열어 놓을께

벙어리 삼룡이처럼 사랑한다 말은 못해도
너처럼 웃으며 살께

어설픈 욕정

창신동 끝자락 보문동 달동네 산꼭대기에 살았다
하라는 공부는 안하고 잔뜩 바람이 들어
나팔바지에 황야의 무법자 흉내 내며 폼을 잡았지

옆 동네 동갑내기 D여고에 다니던 경숙이
나처럼 나팔바지를 입은 모습을 볼 때마다
심장이 고동쳤지

교과서 소설에 나오는 그런 사랑은 아니었어
"어떻게 하면 한번 내 품에 안아볼까"하는
마음에 가슴이 뜨거웠지

어느 날 저녁 단둘이 만날 기회가 있었어
가로등 희미한 골목에서 이런저런 이야기를 하다가
입술을 향해 돌진했어

완강히 저항하는 것이 아닌가
울퉁불퉁한 벽에 세워놓고 옥신각신하다가
결국 성공하고 집으로 돌아왔어
손등이 까져서 피가 흐르고 있었어
남동생이 "형 누가하고 싸움 했어" 묻는 것이 아닌가

"이 형이 누구냐 한번 한다면 하는 사람 아니냐"
"아래 동네 경숙이와 뽀뽀를 하다가 까졌지" 웃으며 말했다

나는 누구일까

오동나무는 백년이 지나도 단단하여
가구로 쓰인다는데

매화는 일평생 춥게 살아도
향기를 잃지 아니 한다 하는데

달은 천 번 모양이 일그러져도
제 모습 본질은 변치 않는데

버드나무는 백 번이 굽어져도
꺾이지 아니하고 새순을 내는데

나는 누굴까
언젠가는 알게 되겠지
기다려 보자
때가 오면 알겠지

춘풍연가

임 향한 마음 품고 밤새 뒤척여도
그 모습 샘물되어 마를 줄 모르네

애절한 마음 들킬까봐 애써 감추려 해도
연민은 어찌 할 수 없어 떨쳐낼 수 없구나

이 마음 춘풍에 실어 보내도
영영 대답이 않을 것 같아

그대 마음 구하려고
살포시 가슴 열어 줄 날 기다린다네

홀로 가슴앓이 하는 내 사랑 끝내 모르실까봐
밤을 새워 편지를 쓰다가
찢기를 몇 번인가

떠나가는 임

그녀가 떠나신다는 소식을 이른 새벽에 들었다
창 밖에 내리는 함박눈을 멍히 바라본다
슬픔이 땅 위를 덮는다
벽과 천장마저 하얗게 질려있다

멀지 않아 눈이 녹으면 꽃이 필텐데
꽃밭 사이로 서로 손잡고 걸으려 했는데
둘이 걷던 발자국 찾아 나서고 싶었는데

다가오는 봄은 분명히 예전 봄은 아닐 듯하다
얼어붙은 내 마음에는 언제야 풀리려는지
꽃피는 꽃 지면 언젠가 봄은 다시 찾아오겠지

한여름 밤

원두막에 둘러앉아 수박 한 덩이 나누는 틈새를
비집고 앉았다
더불어 갈아가는 삶이 무엇인지 굳이 말할 필요
가 있겠는가
밤새 나누는 이야기가 즐거운데

굳이 정이 무엇인지 말하면 또 무엇하나
여름 햇살에 구릿빛으로 변한 얼굴 맞대어 족한데

한 녀석이 말하길
어깨에는 족대 매고 손에는 어항 들고 고기잡이
가자고 한다
가쁜 숨 몰아쉬며 산 정상에 오르자고 한다
그늘 아래 앉아 흐르는 땀을 훔치자고 한다
막걸리 기울이며 산바람 쐬자고 한다

한여름 땡볕 아래 밀짚모자 눌러쓰고 농약 치는
아저씨
무명수건 머리에 둘러메고 김을 메는 아낙네
굳이 부부애가 무엇인지 말한들 무엇하나
눈에 선히 보이는데

두 손 꼭 잡고 얼굴 마주보며 걸어가는 한 쌍 남녀
사랑이란 이런 것, 말 안해도 알 것 같다
깊은 여름밤 저물어 가는데 나는 언제쯤 장가갈지
풀벌레가 아는지 풍금소리로 연주한다

한 여름 밤
원두막은 그렇게 지고 있었다
그 때로 돌아가고 싶은 오늘인데
별들이 유난히 시끄럽게 떠들어 댄다

여름날 세레나데

인적 드문 집 안 마당
지친 하늘이 내려와
목을 축이려나 보다

맑은 물에 휘 헹구어
빨랫줄에 널어야겠다

서쪽 하늘이 붉게 물드는 저녁이면
무료했던 한 낮의 기도
바다로 저물어 가고

하이네가 시를 지어 응답하는 하늘
세레나데가 되어 펼쳐진다

가을 여인

마음에 품었던 임인데
낙엽 되어 떠나려나 보다
편지 고이 접어 소식 보낼까 해도

변하지 않는 것 있겠는가
그 모습 선히 아른거려도
마음 어떠한지 알 수 없어
벙어리가 되기로 했네

노을되어 드리워질수록
나는 더욱 뜨거워져
가슴앓이 하는데

빨간 고추잠자리 떼 지어 날아드니
추억이 그리운지
그녀가 여운 되어 떠날 줄 모르네

문턱에 기대어 텅 빈 마음 쓸러 내리며
흔적을 지우려 해도 지울 수 없어
애만 타는데

남 같아야 지우겠건만
지워지지 않는 내 가을 여인이여
가을 닮아 풍요롭게 살아가기를 기도 드리네

가는 봄이 눈물지어

햇살에 눈을 뜨니
울긋불긋 옷 갈아입고
고운 머리카락 향내 휘날리며
벌 나비를 유혹하네

해는 저무는데
꽃잎이 벌써 떨어질 때 되었는가
쓴 도라지 입에 물고 얼굴 붉히는데

떠나는 마음이 오죽할까
보내는 마음 이리 아픈데

봄처녀 걸음이 떨어지지 않는지
내 옷자락 부여잡고 온 밤을 흐느껴도
바람이 불어와 내일이면 떠나야 한다네

마음 따뜻히 데워놓고 흔들어 놓고
이제 떠날 때 되었다고 채비하는 봄처녀
나를 어지럽혀 놓고 제 얼굴마저 붉게 물들었네

비빔밥

봄을 느끼고 싶어 향기 물씬 나는 나물을 준비했다
여러 색 물감을 섞는 것처럼
나물에 고추장과 참기름을 듬뿍 넣어
쓱쓱 밥을 비벼 봄을 맛본다

역시, 입맛이 최고다
입이 여행을 떠난다
제주도 전라도 경상도
오대양 육대주로 떠나볼까 입맛아

순간 "우지직" 돌이 씹힌다
돌덩어리가 입안에서 비명을 지른다
입안에 퍼진 봄 향기가 피 흘리며 아파한다

그래도 오늘 봄나물 실컷 먹어 살 맛 난다
봄이 떠나기 전에 자주 비벼 먹어야 겠다
내일은 생선회를 넣고 비벼야 겠다

산 들 물

덕 있는 사람은 산을 찾고
지혜로운 사람은 들을 찾는다고 했는데
아니, 물이 맞나
생각이 나질 않는다
아~ 아~ 머리 위에 솟은 돌대가리가 쥐어짜니
아프다
"아마 물이 맞겠지"
어쨌든 산과 물을 싫어하는 사람이 어디 있겠는가

산은
산새들과 풀벌레들 놀이터이다
나무들이 우거져 사는 집이다
바람이 시원하게 옷 갈아입는 장막이다

산을 찾은 나그네, 물방울 하나가
이야기 하나를 풀어 놓는다
태평양을 지나 대서양에서 고래를 보았다고 한다

귀여워서 손바닥에 올려놓고 물었다
“이제 또 어디로 갈려고 하느냐”

나누는 삶

밑바닥을 힘겹게 살아가는 사람들이 있다
우직해도 성실하고 정직하다
조금쯤 모자라서 사회에 제대로 적응하지 못한다
아무리 애써 일해도 핀찬만 받는다
경쟁에서 쳐지고 무시 당한다
그래도 겸손하고 인간미가 있다
낮은 곳에 있는 그들을 사랑한다
그들을 보면 마음이 편해진다
그들이 아파할 때 손을 내밀어야 겠다
내가 받은 사랑과 은혜를 나누며 살아야겠다

삼겹살

삼겹살을 좋아한다
삼겹살을 사랑한다
오 내사랑 삼겹살이여

삼겹살은 나의 출발점이요 종착역이다
삼겹살 아니면 죽음을 달라
삼겹살 구우며 최적화를 연구한다

삼겹살 대통령으로 출마하는 연설문을 써 본다
Of the 삼겹살
By the 삼겹살
For the 삼겹살
삼겹살은 김치볶음밥을 낳고
김치볶음밥은 김치찌게를 낳고
김치찌게는 참치김밥과 더불어 산다

세계 식도락가들은 죽기 전
삼겹살 가문의 역사를 배우려고 찾아올 것이다
한 달간 순례의 길에서
혀를 훈련하고 고국으로 돌아가 제대로 살아갈
것이다

빛과 어둠

햇빛 받은 동전 앞이 빛날 때, 뒷면은 어둡다
어둠을 없애면 빛도 함께 사라진다
해는 낮을 밝히고 달은 밤을 맡는다

누구에게나 역할이 있다
낮 밤 해 달이 조화롭다
너와 나 사이에 조화가 필요하다

고독 외로움 고난 가난이 함께 존재한다
사색을 무기삼아 극복해야 한다
혼자서 극복하기에는 "우리는 너무 약한 존재"
이다

모두가 힘을 합해 조화롭게 살아가는 세상이 좋다
부모 스승 친구들이 학생들을 곁에서 지켜야 한다
학생들이 어둠마저 조화롭게 품을 수 있도록 훈
련시켜야한다

우리는 아파하며 컸다
아픔이 약이다

즐거운 인생

순탄하다 말하며 근심 걱정 없다 해도
거짓말이다
산다는 것은 험한 길 가는 것이다

잘난 너도 못난 나도
우리 모두 가시넝쿨 헤치며 살아온 백전노장들
이다

혼자는 어렵고 힘들지만
같이 하면 그나마 즐거운 인생이 펼쳐진다

오늘 이사 가는데
이삿짐 좀 도와주세
끝내고 나서, 소주 한잔에 삼겹살 구워 줄께

시가 태어났다

캄캄한 밤에 창문을 닫고 커튼을 쳤다
온통 검다
빛줄기 하나 새어들지 못한다
소리쳐 불러도 아무도 대답이 없다
벽면에 부딪쳐 돌아오는 메아리 뿐
어둠이 두렵다고 외롭다고 춥다고 한다

벽 속으로 촉수를 뻗어 넣었다
온 몸이 소용돌이 속으로 빨려 들어간다
떨어져 내린 끝자리에 칼날이 서 있다
날 끝에서 희미한 빛이 점점 자라나고 있다
점점 눈에 부시다
날 끝에서 빛이 생명체가 되어 잎사귀를 낸다
봉우리가 폭발하여 꽃이 활짝 핀다
꽃이 목젖을 흔들어 대며 진실을 말한다
꽃잎이 땅에 떨어져 죽어간다
피 흘리며 죽어가며 진리를 한움큼 토해낸다

"영원히 지워지지 않을 붉은 시" 한 구절을 비석에 새겨 넣었다
"여호와는 나의 목자시니 내게 부족함이 없으리로다"

해 뜨고 해 지는 광경

그대 어둠을 뚫고 떠오르면
은빛 비늘은 바다 위에서 펄떡이고
붉은 구름은 트럼펫 불어 아침을 깨우고
그대 불꽃날개는 바람을 떨치며 솟구쳐 오른다

그대 사라질 때 되면
바닷가 해변에 긴 그림자가 여운스레 깔린다
갈매기가 해변에 앉아 배웅하면
노을이 아쉬운지 얼굴 더욱 붉힌다

그대 눈망울이 하도 깊어 서러운데
산 넘고 물 건너 어둠 속으로 사라지려니
발길이 머뭇거려 더디기만 하구나

해변을 찾은 가슴마다 글썽이며
두 팔을 하늘 향해 쭉 뻗는다
타 오르는 눈망울마다 돌아서는 발걸음이 어떠

한지

나 여기 돌이 되어 그대 앞에 서서 떠날 줄 잊었네

시와 수필은 어디에서 오나

시와 수필은 어디서 왔냐고 물었더니
황소 눈으로 깊이 보라 한다
늦은 걸음으로 음메 울어대며 덤덤히 걸으라 한다
지는 해를 쫒아 느릿느릿 따르라 한다

가을 녘에 서서 탈곡기로 알곡을 털어내고
쓸어져가는 짚단을 세우며
오래오래 필력을 비축하라 한다

힘이 속에서 샘물 되어 터져 나오면
그 때 종이 위에 연필을 올려 놓고
내 눈 속에 그려있는 세상을 그려 보라 한다

황소가 흘린 눈물을 먹물삼아
오선지에 그리면 노래가 되고
글로 쓰면 시가 되고 수필이 된다 한다

눈 속 깊이 세상사가 숨어있다
황소 눈가에 이슬이 되어 맺혀있다

연잎

아침에 내린 빗방울
아직 마르지 않고
커다란 연잎 위에 고여 있다

바람 불 때마다
물방울이 이리저리 굴러 다닌다
부처가 세상에서 돌아다닌다

손톱만한 물방울 안에 설법이 가득 담겨있다
설법이 맑아 보기 좋다
마름을 깨끗이 씻어준다

하늘이 고여있다
하늘이 보인다
연잎 위에서

내 차 안은 음악 감상실

교향곡을 틀었다
화산이 폭발하고 불꽃이 쏟아져 내린다
심장 고동치는 영웅이 옆에 와 앉는다

잔잔한 음악을 배경으로 시낭송을 듣는다
누에가 실오라기를 내어 반짝거린다
소리가 비단 되어 찬란하다

바이올린 음절이 촉촉하다
잠자던 그녀가 기지개를 켠다
둘이서 왈츠를 추며 꽃밭을 거닌다

높이 날던 독수리가 내려온다
토끼를 잡아채고 하늘로 다시 올라간다
땅에는 장미 향기가 가득한데

가을에 흐르는 강

강가에 앉으니
철썩이는 소리를 듣는데
하늘이 눈부시다

바람이 불어온다
파도가 춤을 춘다
피아노 건반이 은파를 쏟아낸다

저 멀리 떠있는 배 어디로 갈지 모르겠다
강물이 하늘 구름타고 흐르는데
기러기가 손짓하여 따르려나 보다

자연으로 돌아가라

숲은 있는 그대로 자기를 보여준다
꾸밈이 없어도 아름답다
꾸밈이 없이 편한가 보다

자연 속에 오래 머물다보면
자연을 닮아가는 나를 본다
삶의 찌꺼기가 바람에 날려 깨끗해 진다

자연처럼 살면 건강해진다
몸과 마음이 살아난다
행복이 무엇인지 절로 알게 된다

의문부호가 날아다닌다

의문이 떠오른다 "이게 뭐지"
의문부호가 꼬리에 꼬리를 물고 하나씩 늘어난다
천장에 그림이 되어 기어 다닌다

왜 사는 것 일까
어떻게 살아야 하는가
이유를 몰라도 좋다
그냥 살아가면 된다
발길 닿는대로 걸어왔다
산다는 것은 그런 것이니까

닭 우는소리 듣다보면
하루가 지고
내일이 온다

이 생각 저 생각 뒤척이다가 지쳤다
새벽이 되어서야 하품이 나온다

애라 잠이나 자야겠다
이불 속 꿈속이 달콤하다

오늘 하루 신선되어

여기는
신선들이 걸터앉아 놀던 곳
달빛 내려와 쉬어 가던 곳
학자들이 찾아와 학문을 논하던 곳
시인들이 목욕하며 도를 닦고 성찰하던 곳
여인들이 민요를 부르고 시를 낭송하던 곳

불어오는 바람 맞으며
물소리에 몸을 담고
돌이 되어 경치를 감상하고
달이 되어 하늘을 날아보고

노래 한 소절을 반복해서 음미하며 흥얼대고
신선들과 마주 앉아
신선이 되어본 오늘 하루

산다는 것

세상에서 살다보니 힘들고 외롭고
잘못된 것이 너무 많아 마음 아프고
그래도 살아야 하는 것

세상을 텃밭삼아
사랑으로 씨앗 뿌리고 가꾸어서
나만의 정원으로 만들어

힘겹고 어려울 때면
정원에 찾아들어 푹자고 일어나
기지개켜며 일어나야겠다

지난 일에 연연하면 무엇하나
내일을 바라보며 살다가세
삶이란 다 그런 것 아니던가

생활 속에 조그만 행복을

하나하나 주워 모아

손에 올려놓고 살펴보며 살아가세

하나 된 우리 하이텍

하나둘 모여든 별
인천 하이텍 고등학교

사랑과 아량
신의와 우애 가득하다

별마다 새벽을 깨우는
우리는 하나

별들이 아름다운 것은
빛으로 이끌어 주는 사랑이 있어서다

반짝이는 그대들이여
더 멀리 내다보고
더 많이 사랑하라

마음껏 펼치는
미래는 그대들의 세상
더 힘차게 뛰어올라라

아이 눈으로 세상을 보자

교사는 아이들 친구가 되어야 한다
교사는 아이들 마음을 알아야 한다
아이 눈으로 세상을 보자
아이 마음으로 강산을 보고
아이 세계에서 물고기 토끼 새를 본다

아이의 눈은 호기심이며 아름다움이고
풍성함이다

바닷가에서 모래성 쌓는 아이는
나도 잊고 너도 잊고
바다도 잊고 모래도 잊고 쌓는다
바다와 모래는 하나가 되어
아이와 함께 즐거운 세상이 된다

세월이 흘러 모래성은 무너져도
아이의 가슴에는 남아있다

철강성을 쌓는 어른들은
괴로움의 벽을 쌓고 있다
철강성은 쌓았으나
마음은 무너지고 방황하며 길 잃었구나

교사들아 아이 눈을 갖자
어린 시절, 아이 마음으로 돌아가자

쌓는 부자와 나누는 부자

쌓는 부자도 부자요
나누는 부자도 부자이다

쌓는 부자는 혼자 부자로 살지만
나누는 부자는 여럿이 함께 부자로 살아간다

쌓는 부자는 혼자 즐기고 혼자 슬퍼하지만
나누는 부자는 함께 즐기고 함께 슬퍼한다

쌓는 부자는 욕심과 함께 은밀히 숨어 기뻐하지만
나누는 부자는 드러내어 더불어 함께 기뻐한다

착각에 빠진 믿음

돈키호테처럼
내 뜻과 내 신념을 따라서
살면 아니 된다

뜻대로 되는 세상 아니다
모두가 부자요 건강하고 행복한 것은 아니다

경제적으로 성공하려면
경제 법칙을 따라야하고

건강하려면
건강 법칙을 따라야하고

생명을 얻으려면
생명 법칙을 따라야 한다

착각의 늪에 빠지지 말고
제대로 보고 믿고 살아가자

큰 바위 얼굴

따르고 닮고 싶었던 위인들
큰 바위 얼굴삼아 돌아보며
꿈꾸어온 날들이 있다

이제 백발 되어
그 마음과 뜻을
조금이나마 알 것 같다

하늘을 우러러 산다는 것은
봉사와 희생으로 함께 하는 것

그리하면, 영원히 영면할 때 되어
뿌듯해 할진데 곁에 앉아 알았네

변화

비가 내려 만물이 자란다
봄 여름 가을 겨울되어 변한다
변한다는 것은 성장하고 성숙해진다는 것이다
변하며 살아가는 모습들이 즐겁다

마음속에서 사랑나무가 자란다
행복나무 가지가 굵어진다
이마에 주름이 깊게 뿌리내려 든든하다

믿음은 성당이나 교회에만 있는 것이 아니다
자신의 마음에 있다
생활 속에서 말씀을 붙잡고 행하는 자
그들이 최후 승리자 된다

내가 바라본 정치인 세상

법보다 앞선 것이 정직이다
법보다 양심 윤리가 우선이다
법 규범은 그 다음이다

정치인은 정직과는 조금 멀다
법 테두리에 살면서 자기를 위해 편리하게 해석한다
자기 유익을 추구하며 살아가기에 믿음이 안간다
그래도 정치는 중요하고 정치인은 필요하다
백 프로 옳은 사람 없겠지만, 믿을 만 해야 하는데 그들은
언론을 무기로 삼아 그럴 듯하게 호도한다
논리로 말을 포장한다
목적 달성을 위해 싸움도 불사한다

국민은 속아서 표를 던질 때가 많다
그 결과로 힘들게 살아가게 된다

소수가 옳고 다수가 그를 때가 있다
참 뜻은 사라지고 만다

어떤 세상에 사느냐가 중요하다
상식이 통하고 양심 도덕이 우선시 되고
상호간에 서로 인정하고 사랑하며
인간미가 넘치는 세상이 오기를 기도드리며

선거철만 되면, 믿음 없는 후보자들이 교회 절
거리로 몰려다닌다

현명한 삶

행복을 위해 애써야 한다
이익을 위해 애써야 한다
모든 것을 누릴 줄 알아야한다

이웃과 더불어 어울려 베풀며
재미있게 살 줄 알아야한다
놀 줄 알아야 행복하다
잘 노는 사람이 유능하다

누리지 못하고 쌓기만 한다면
오히려 해가 되고 독이 된다
바보가 따로 있나
그들이 바보인데

남들과 비교하고 시기하고 질투하고
과거에 연연하고 미래지향적 삶을 살지 못하고
이웃을 의심하며 불안해하고

적과 아군을 구별하지 못하고
스스로 멸망을 자초하는 자들이 꽤 많다

불행한 삶을
제발 좀 살지 말아야하는데 말이다

미래 교육

미래는 교육에 달려있다
미래형으로 탈바꿈해야 한다
백년대계를 품은 교육백서를 만들어야 한다
교육백서를 이정표로 삼아야 한다

실무진과 학자들 구성된 교육연구소를 설립한다
삼개년 계획을 새워야한다
하루라도 빨리 만들자

국어 영어 수학 과학보다 중요한 것이 있다
인성 흥미 건강을 가르쳐야 한다
행복할 줄 알아야 한다
놀 줄 알아야 한다
정보를 다룰 줄 알아야 하며
문제해결 능력을 키우되
의사결정하는 토론문화를 가르쳐야 한다

교육 훈련

교육만큼 훈련이 중요하다
교육이 열이면 훈련은 구십이다
학생을 훈련시킬 줄 아는 교사가 되도록
교사훈련연구소를 설립해야 한다.
전국 모든 교사가 참여하여 다양한 모델을 만들어야 한다

교사는 설명하고 학생은 듣는 교육에서 탈피해서
쌍방이 소통할 줄 아는 방법을 훈련해야 한다
그래야 미래가 열린다

생각을 표현토록 훈련시켜야 한다
생각은 언어로 표현된다
글쓰기와 말하기 훈련이 모든 학생들에게 필요하다

세계최고 학교들과 교사훈련연구소가 정기교류를 가져야 한다
초 중 고 대학별로 교사연수가 제공되어야 한다

미래는 오는 것이 아니다
이미 우리 곁에 와 있다
옆에 와 있는 미래를 인식치 못하면 세계에서 뒤쳐진다

전쟁터 1

세상은 전쟁터이다
무기를 갖고 싸운다
동물에게는 근육과 이빨이 있다
문인은 글과 말로 승부를 결정한다
무인은 용감하다

학업을 마치고 사회에 나가면 누가 잘 살까
말과 글로 소통을 잘하고
체력이 강한 자가 성공한다

학생은 글쓰기와 말을 훈련해야 한다
학생은 체력을 훈련해야 한다

세상은 전쟁터이다
싸우면 이겨야 한다
전술 전략을 구사할 줄 알아야 한다
연합전선을 구축하여 전투에 임해야 한다

쉴 때에는 마음 편히 쉬며, 재충전할 줄 알아야
한다
잘 노는 사람이 성공한다
취미생활을 즐길 줄 알아야 한다

전쟁터 2

씨름에서 승부는 샅바 잡기부터 시작된다
권투에서는 초반 탐색전이 중요하다
백미터 달리기에서는 출발이 중요하다
시작이 승부의 갈림이 되기도 한다

유비와 조조가 초반에 정보 심리전을 펼친다
거짓정보를 흘리고 강하게 보이려 한다
첫 번째 장수가 승패를 좌우할 때가 많다
초반에 거의 오십 퍼센트가 결정 난다

아군의 기를 강하게 세워야 한다
최대한 상대 심리를 흩어지게 해야한다
신경전에서 패하면 아니 된다
깃발 높이 휘달리고 북으로 사기를 높인다

승리가 한 발자국 눈앞에 있다
성령의 검을 높이 들자고 외친다
승리는 우리 편에 서있다고 외쳐야 이긴다

국가 경쟁력

국가는 군사력과 경제력으로 무장한다.
강대국이 규모가 크고 강하다
강소국이 규모가 작지만 강하다
국가 조직이 탄탄하여 서로 긴밀히 소통해야 힘을 발휘한다

정부 기업 국민이 서로 믿고 힘을 합해야 강하다
그렇지 못하면 다른 나라들의 먹이 감이 된다
연간계획 중장기계획이 각 분야별로 있어야 한다
전략전술 팀이 구성되어 있어야 한다
토론문화가 곳곳에 뿌리내려야 한다
조직이 하나 되어 긴밀히 소통한다
고급 정보를 갖고 문제해결을 위해 뭉쳐야 한다

너무 쉬운 말들이다
귀가 아프도록 잔소리로 풀어낸다
모두가 알고 있으면 뭐하나
가정 기업 국가에서 제대로 작동되지 않고 있으

니 말이다
이러다가 큰일 나겠다 하고 심히 걱정한다

추석 1

할아버지 할머니가 손자 손녀 재롱에 흥겨워한다
품 속 깊이 꼬깃꼬깃 숨겨놓은 쌈짓돈 털어 내놓는 날이다
재롱 보며 너털웃음 감추고 미소 짓는 날이다

“오늘만 같아라” 속으로 삼킨다
두 손 모아 기도하는 마음이 간절하다
아이들 지키는 수호천사를 자처한다

더 살고 싶다고 기도드리는 날이다
잘 커서 행복하게 사는 모습보고 죽겠다고 한다
집집마다 아가들이 그렇게 커간다

추석 2

가족이 둘러앉았다
윷놀이하고 알까기 하는 날이다
정성껏 음식을 차려 놓고
한복 곱게 차려 입고 고궁에 가서 역사를 가르치는 날이다

용돈을 나눠주고 게임을 한다
지는 사람은 이기는 사람에게 백 원씩 내놓아야 한다
이기려고 끙끙대는 아이들 보며 흐뭇하다
일부러 져주며 아가들 얼굴을 살핀다

아이들은 놀이를 하며 커간다
승부가 무엇인지를 가르친다
즐거움이 무엇인지 체험시킨다
아가때 행복해야 어른이 되어도 살맛을 느끼며 살아간다

가족이란 그런 것
서로가 서로를 위하며 살아간다
그래서 오순도순 살 맛 난다

선물

검은 밤하늘에 별들이 촘촘히 박혀있다.
망치를 들고 탕탕 내리쳤다
별들이 한 조각씩 떨어졌다
별을 벽에 걸고 누웠다
방안에 별빛이 가득하다

양파

중학교 일학년 소년은
중국집에서 짜장면을 먹었다
양파가 맛있었다

궁금하다 양파 속에는 무엇이 들었을까
양파는 까고 또 까도 똑같다
아니야, 다른 양파가 있을거야

그래서 매일매일 양파를 까보았다
비밀을 밝혀내는 과학자라도 되려는 듯이
눈물을 흘리며 매일 깠다

약 열흘째 되어 포기했다
양파에서 다른 세계를 발견하려했던 노력이 허사였다
삶이란 까고 또 까도 같을 수 있다는 생각이 들었다
나는 양파처럼 살지 말자고 마음을 먹었다

나를 찾아서

초판 발행일 **2021년 11월 10일**

지은이 **허훈**
발행인 **김미희**
펴낸이 **몽트**

출판등록 **2012.12.20 제 2014-0000-38호**

주소 **안산시 단원구 고잔로 23-12**
전화 **031-501-2322** 팩스 **031-501-2321**
메일 **memento33@menthebooks.com**

값15,000원
ISBN 978-89-6989-068-9 03810

www.menthebooks.com